Ce Carnet
Appartient À :

....

www.ingramcontent.com/pod-product-compliance
Lightning Source LLC
Chambersburg PA
CBHW051430150726
48000CB00005B/2030